PUBLICATIONS DE LA RÉUNION DES OFFICIERS

MÉLANGES MILITAIRES

LIX. LX

APERÇU

DE

GÉOGRAPHIE MILITAIRE

SUR LE LITTORAL DE LA CONFÉDÉRATION

DE L'ALLEMAGNE DU NORD

ET

Étude des mesures de défense prises par les Allemands pendant la
guerre de 1870-71 contre un débarquement de troupes françaises

PAR

M. DUBOIS

CAPITAINE DU GÉNIE

PARIS

CH. TANERA, EDITEUR

LIBRAIRIE POUR L'ART MILITAIRE ET LES SCIENCES

Rue de Savoie, 6

1872

GÉOGRAPHIE MILITAIRE

DU LITTORAL

DE L'ALLEMAGNE DU NORD

PUBLICATIONS DE LA RÉUNION DES OFFICIERS

I. — **L'Armée anglaise en 1871, au point de vue de l'offensive et de la défensive.** Brochure in-12. . . . . 25 c.

II. — **Organisation de l'armée suédoise. — Projet de réforme.** Brochure in-12. . . . . 25 c.

III-IV. — **Mode d'attaque de l'infanterie prussienne dans la campagne de 1870-1871**, par le duc GUILLAUME DE WURTEMBERG, traduit de l'allemand par M. CONCHARD-VERMEIL, lieutenant au 13ᵉ régiment provisoire d'infanterie. Brochure in-12. . . . . . . 50 c.

V. — **De la Dynamite et de ses applications pendant le siége de Paris.** Brochure in-12. . . . . 25 c.

VI. — **Quelques idées sur le recrutement**, par G. B. Broch. in-12. 25 c.

VII. — **Etude sur les reconnaissances**, par le commandant PIERRON. Brochure in-12. . . . . 25 c.

VIII-IX-X. — **Etude théorique sur l'organisation d'un corps d'éclaireurs à cheval**, par H. DE LA F. Brochure in-12 . . . 75 c.

XI-XII-XIII. — **Etude sur la défense de l'Allemagne occidentale, et en particulier de l'Alsace-Lorraine.** Traduit de l'allemand. Brochure in-12. . . . . 75 c.

XIV. — **L'armée danoise. —** Organisation. — Recrutement. — Effectif. Brochure in-12. . . . . 25 c.

XV-XVI-XVII. — **Les places fortes du N.-E. de la France, et essai de défense de la nouvelle frontière.** Brochure in-12. 75 c.

XVIII-XIX. — **Considérations théoriques et expérimentales au sujet de la détermination du calibre dans les armes portatives**, par J. L., capitaine d'artillerie. Brochure in-12 . . . . 50 c.

XX. — **Des bibliothèques militaires**, de l'établissement d'un catalogue et de la tenue des principaux registres. Brochure in-12. 25 c.

XXI-XXII-XXIII-XXIV. — **L'artillerie au siége de Strasbourg en 1870.** Notes recueillies par un officier de l'artillerie suisse, traduit de l'allemand par P. LARZILLIÈRE, capitaine d'artillerie. Brochure in-12 avec plan . . . . 1 fr.

XXV-XXVI. — **L'artillerie de campagne des grandes puissances européennes et les canons rayés.** Traduit de l'allemand par M. MÉERT, capitaine d'artillerie. Brochure in-12. . . . . . . 50 c.

XXVII. — **Des canons et fusils à vapeur**, par J. L., capitaine d'artillerie. Brochure in-12. . . . . 25 c.

XXVIII-XXIX. — **La cavalerie de réserve sur le champ de bataille**, d'après l'italien, par FOUCHIÈRE, sous-lieutenant au 81ᵉ régiment. Brochure in-12. . . . . 50 c.

XXX. — **De la répartition de l'armée sur le territoire.** Brochure in-12 . . . . 25 c.

813 — Paris, Imp. H. Carion, rue Bonaparte, 64.

PUBLICATION DE LA RÉUNION DES OFFICIERS

APERÇU

DE

GÉOGRAPHIE MILITAIRE

SUR LE

LITTORAL DE LA CONFÉDÉRATION

DE

L'ALLEMAGNE DU NORD

ET

Étude des mesures de défenses prises par les Allemands pendant la guerre de 1870-71 contre un débarquement de troupes françaises

PAR

M. DUBOIS

CAPITAINE DU GÉNIE

PARIS

CH. TANERA, ÉDITEUR

LIBRAIRIE POUR L'ART MILITAIRE ET LES SCIENCES

Rue de Savoie, 6

—

1872

APERÇU
DE GÉOGRAPHIE MILITAIRE

SUR LE

LITTORAL DE L'ALLEMAGNE DU NORD

De même que pendant la guerre de 1854 avec la Russie, une diversion avait été opérée par la flotte française sur les îles russes de la Baltique, de même, pendant la guerre franco-allemande, une diversion devait être tentée contre les côtes septentrionales de l'Allemagne. L'infériorité non douteuse de la marine militaire de la Confédération du Nord, vis-à-vis de la marine française, et la grande étendue de côtes en chaque point desquelles pouvait être effectué un débarquement, permettaient de croire au succès de l'entreprise, ou tout au moins laissaient espérer que l'ennemi, menacé par le nord, serait obligé de distraire une partie notable de ses forces de campagne, qu'il aurait pu sans cela employer en entier sur le Rhin.

Mais la rapide mobilisation des forces allemandes et nos défaites de Wœrth et Spicheren ne nous ont pas permis de mettre ce projet à exécution. L'escadre cuirassée dut gagner la mer du Nord sans troupes de débarquement, et se contenter de rester en observation devant l'embouchure des grands fleuves ou les ports principaux, dont elle ne pouvait forcer l'entrée.

Le but de cette étude est de passer rapidement en revue les différentes parties du littoral allemand, ainsi que les mesures de défense prises pour y prévenir un débarquement, afin de permettre d'apprécier les chances de réussite qu'aurait présentées aux Français une semblable diversion, si les circonstances l'eussent rendue possible, en faisant entrevoir les nombreuses difficultés qu'ils auraient dû surmonter, tant dans l'opération du débarquement elle-même que dans la prise de possession du littoral (1).

I

GÉOGRAPHIE MILITAIRE DU LITTORAL DE L'ALLEMAGNE DU NORD

La Confédération de l'Allemagne du Nord est baignée par deux mers : la mer du Nord et la mer Baltique, séparées l'une de l'autre par la presqu'île de Danemark, que la province du Schleswig-Holstein relie au continent, et qui partage en deux parties inégales le littoral allemand compris entre le 5e et le 19e degré de longitude orientale, et dont la direction générale est celle de l'ouest à l'est, jusqu'à Königsberg, où elle devient sud-nord.

Les différentes provinces maritimes de la Confédération du Nord que l'on rencontre depuis les frontières de Hollande jusqu'à celles de Russie, c'est-à-dire depuis l'embouchure de

(1) La majeure partie des renseignements qui vont suivre a été puisée dans la *Géographie militaire de la Confédération du Nord* (Francfort, 1867), traduite par le capitaine Kienlin, dans une petite brochure allemande sur *la Flotte de l'Allemagne du Nord*, et dans un article des *Militärische Blätter* intitulé : *Das General-Gouvernement im Bezirk des 1, 2, 9 und 10 Armee Corps (der Küstenlande) im Feldzuge* 1870 (cahier de juillet 1871). On pourra compléter cette étude, encore bien rudimentaire, en lisant l'article du capitaine Bourelly *sur la Marine militaire de l'Allemagne*, inséré au *Journal des sciences militaires* (janvier, février, mars, avril).

l'Ems jusqu'aux bouches du Niemen sont : le Hanovre et le grand-duché d'Oldenbourg, sur la mer du Nord ; le Schleswig-Holstein, à la fois sur les deux mers ; le grand-duché de Mecklenbourg-Schwerin, la Poméranie et la Prusse (proprement dite), sur la mer Baltique.

PROVINCE DE HANOVRE

La province de Hanovre, annexée à la Prusse après la campagne de 1866, appartient à la grande plaine de l'Allemagne septentrionale ; elle est traversée par de nombreux canaux et ruisseaux qui divisent leurs eaux dans la mer du Nord par l'intermédiaire de quelques rivières côtières et de trois fleuves principaux : l'Ems, qui se jette dans le golfe de Dollart, près d'Emden ; le Weser, qui arrose Brême et sert de frontière orientale au grand-duché d'Oldenbourg ; l'Elbe, qui arrose Hambourg-Altona et sépare le Hanovre du Holstein.

Depuis les deux derniers contre-forts septentrionaux du Harz, tout le pays entre l'Ems et l'Elbe descend à pente très-douce vers la mer ; il ne présente que quelques collines isolées et le faible rideau de hauteurs courant de l'Elbe au Weser, de Lünebourg à Brême. Le long des côtes et des rives des fleuves, qui, en général, sont complétement plates, des digues ont été construites pour préserver les dépressions de terrain où les eaux ont apporté leurs alluvions ; à part ces parties fertiles conquises par des travaux artificiels, tout le reste a le caractère de landes sablonneuses et inhabitées ou de marais bourbeux et de tourbières. Dans les régions culti-vées, il y a de nombreux centres de population et beaucoup de voies de communication ; mais pour toute espèce de troupes, les mouvements y sont difficiles à cause des canaux et ruisseaux qui sillonnent le terrain dans toutes les directions. C'est à partir de Stade, Brême et Meppen que commencent les marais, qui s'avancent jusqu'à la mer, couvrant souvent de grandes surfaces, séparées entre elles par des chaussées sablonneuses et complétement inabordables, même pour les piétons, dès qu'arrive l'humidité.

Les côtes du Hanovre sont partout basses et bordées de dunes et de nombreuses îles. L'action combinée du courant des fleuves et du reflux de la mer accumule des dépôts de sable qui rendent la navigation fort difficile et tendent sans cesse à élever le fond de la mer, comme l'attestent l'empiètement continu du littoral et les nombreux atterrissements que découvre chaque jour la marée basse et qui, entre l'embouchure de l'Ems et celle du Weser, permettent de communiquer à pied de la terre ferme avec la plupart des petites îles disséminées le long du rivage.

Le Hanovre, d'après la constitution de son sol, est d'une fertilité très-variable, en général assez faible ; cependant il produit son nécessaire en blés et en exporte même un peu. Son principal commerce se fait par les grands ports marchands de Hambourg et de Brême et les stations maritimes d'Emden, située sur une jetée, près du débouché de l'Ems dans le golfe de Dollart, et reliée par un chemin de fer avec Hanovre et Cologne, de Bremerhafen et Geestemünde, au confluent de la Geeste dans le Weser, à l'extrémité de la ligne de chemin de fer Hanovre-Brême, défendus par le fort Wilhelm, construit en amont de Bremerhafen, et quelques redoutes établies au nord du nouveau port ; enfin de Cuxhafen, à l'embouchure de l'Elbe, sur la pleine mer, avec une belle rade accessible aux plus gros navires de guerre et protégée par des ouvrages encore inachevés.

A deux kilomètres de l'Elbe, sur la rive gauche, entre

Hambourg et Gluckstadt, se trouve la forteresse de Stade.

GRAND-DUCHÉ D'OLDENBOURG

Le duché d'Oldenbourg, comme les villes libres de Brême et de Hambourg, fait partie de la confédération du Nord ; il est complétement entouré par la province du Hanovre ; c'est le même pays de plaines et de marais, avec des côtes basses et profondément échancrées par la longue baie que forme la rivière de la Jahde et qui se réunit à son extrémité avec celle que forme le Weser à son embouchure. C'est dans la partie sud-ouest de cette baie, longue de 30 kilomètres, large de 4 à 5 kilomètres et profonde d'environ 40 pieds, que se trouve le port militaire de Wilhemshafen, relié par un chemin de fer avec Brême et Hanovre.

Par la convention du 20 juillet 1853, l'Oldenbourg céda à la Prusse, moyennant 500,000 thalers, un terrain de 1,219 journées (*morgen*) (1), situé de chaque côté de la Jahde, et où furent immédiatement commencés les travaux du nouveau port de guerre fédéral, dont la dépense, à la fin de 1869, atteignait environ 10 millions et demi de thalers.

Les forts et les tours blindées qui défendent l'entrée du port et le protégent du côté de la terre étaient armés, pendant la guerre, de 70 pièces de 96 livres. — Au point de vue stratégique, Wilhemshafen, situé au milieu de la côte allemande de la mer du Nord, a une importance considérable, que la prise de possession d'Héligoland par l'Allemagne augmenterait encore.

PROVINCE DU SCHLESWIG-HOLSTEIN

Les duchés de Schleswig-Holstein ont appartenu, jus-

---

(1) Le *morgen*, qui correspond à l'ancienne mesure française *jour* ou *journée*, vaut un peu plus d'un quart d'hectare.

qu'en 1864, au Danemark, qui, vaincu alors par la Prusse et l'Autriche, dut les abandonner à ses vainqueurs, qui se les partagèrent : l'Autriche prit le Holstein, la Prusse le Schleswig; mais à la paix de Prague, l'Autriche renonça à toutes ses prétentions, et aujourd'hui la Prusse est seule en possession des duchés, qu'elle s'est définitivement incorporés en janvier 1867.

Le sol de cette province, comme celui du Danemark, est plat, couvert seulement de quelques collines peu élevées, tantôt nues, tantôt boisées. De l'Elbe à l'Eider on rencontre un grand nombre de lacs et de marais, entre lesquels s'étendent des landes sablonneuses et de petites forêts qui sont les seules parties du pays ouvertes aux communications. — La côte occidentale, sur la mer du Nord, est, comme celle du Hanovre, basse et bordée d'îles, dont la plus étendue est celle de Sylt ; la côte orientale, sur la mer Baltique, est découpée par des baies profondes, dont les plus considérables sont celles d'Apenrade, de Flensburg, de Schleswig, d'Eckernford et de Kiel.

Entre les baies d'Apenrade et de Flensburg se trouve l'île d'Alsen, et à côté celle de Sundewit, où sont les retranchements de Düppel et la forteresse de Sonderburg. Ces ouvrages forment le réduit de toute cette position défensive commandant directement le petit Belt, et protégent le front des côtes allemandes depuis l'île de Femern jusqu'aux baies de Kiel et de Lübeck.

Les principaux cours d'eau sont : l'Eider, qui sort d'un petit lac près de Kiel et va se jeter dans la mer du Nord, qu'il met en communication avec la Baltique par l'intermédiaire du canal de Schleswig-Holstein ; la Trave, qui traverse le territoire de Lübeck et débouche dans la Baltique à Travemünde, par une large baie accessible aux bâtiments de guerre de tout tonnage.

Les productions du sol de cette province dépassent les besoins de sa population ; l'élève des bêtes à cornes et des chevaux y donne d'excellents résultats.

Les principaux ports de commerce sont, sur la mer du Nord : Altona, tout à côté de Hambourg, la ville la plus considérable de la province ; Glückstadt, au confluent de la Staar dans l'Elbe, et Itzehoé, sur la Staar, qui y est navigable, tous deux reliés à Hambourg et Altona par une voie ferrée ; Tœnningen, à l'embouchure de l'Eider, près de l'ancienne place forte de Frederickstadt, relié par un embranchement au chemin de fer principal de la presqu'île.

En amont de Glückstadt, à Granerort, on a construit pendant la dernière guerre des ouvrages importants, et on a dû fortifier l'île de Krautsand, en face de Glückstadt.

En aval, à Brunsbüttel, et tout à fait à l'embouchure de l'Elbe, des batteries ont été installées pour empêcher l'entrée du fleuve.

Sur la mer Baltique : Apenrade, Flensburg, Schleswig, siége du commandement du 9ᵉ corps d'armée, et Eckernfarde, au fond des rades du même nom. Les trois premières villes sont placées sur le chemin de fer du Danemark, qui descend au sud à Hambourg et à Berlin, après avoir traversé la place forte de Rendsbourg, située sur l'Eider, au point où commence le canal de l'Eider, et avoir détaché deux embranchements : le premier à Neustadt, petit port au nord de la baie de Travemünde, l'un des points les plus favorables à une descente ; le second à Kiel, le grand port militaire fédéral de la Baltique.

Kiel est le siége du commandement de la flotte de l'Allemagne du Nord ; presque tous les établissements et chantiers de la marine militaire y sont concentrés. Là se trouvent réunis la plupart des autorités maritimes, les ingénieurs des constructions navales, la division de marins, la division d'ouvriers, l'état-major de l'artillerie de marine, les écoles de la marine, ses magasins d'habillement, etc., etc.

La position de Kiel comme port de guerre est excellente ; sa baie, au fond de laquelle se trouve le port, a deux milles (1) de longueur et seulement de deux à trois mille pas de largeur, formant ainsi une passe profonde, parfaitement battue par le feu des fortes batteries installées sur la côte ; batteries qui défendent à une flotte ennemie l'entrée du port, dans lequel tous les vaisseaux peuvent se mettre à l'abri, car sa profondeur est de trente-deux à quarante pieds, et les plus grands vaisseaux de guerre n'ont besoin que de trente pieds d'eau.

Kiel est donc destiné à prendre rapidement une extension considérable, mais il n'aura réellement acquis toute son importance qu'après l'exécution des grands travaux entrepris à Ellerbeck, en face de Kiel, et du projet de canal à grande section qui doit relier la mer Baltique à la mer du Nord, et qui aurait pour la Prusse de si grands avantages militaires et commerciaux.

A la sortie de la baie de Kiel, sur la partie occidentale, se trouve la forteresse militaire de Friedrichsort, et plus en amont celle du mont Braunberg. La partie orientale est défendue par le fort Labœ, qui est à l'entrée de la rade, par plusieurs ouvrages construits en face de Friedrichsort, par les forts de Moltenort et de Schrevenborn, et enfin par un réduit placé en arrière des forts de Labœ et de Moltenort.

GRAND-DUCHÉ DE MECKLENBOURG-SCHWERIN

Le littoral du duché de Mecklenbourg-Schewrin, qui fait

______

(1) Le mille allemand de Prusse vaut 7,533 mètres.

partie de la Confédération du Nord, s'étend entre le territoire de Lübeck et l'embouchure de la Recknitz, qui la sépare de la province de Poméranie. Le pays est complétement plat, couvert de prairies et de marécages ; la côte, basse et bordée de dunes, forme deux baies profondes au fond desquelles se trouvent les ports marchands de Wismar et de Rostock, qu'un chemin de fer relie entre eux et avec Berlin et Stettin.

Le Mecklenbourg fait un commerce maritime important ; on y élève des chevaux très-estimés et dont on exporte un grand nombre.

Pendant la guerre de 1870, des batteries furent installées pour protéger la baie de Wismar contre un débarquement.

PROVINCE DE POMÉRANIE

La province de Poméranie s'étend entre le duché de Mecklenbourg-Schwerin et la Prusse orientale. C'est un pays bas, plat, fertile, traversé par le fleuve de l'Oder, qui se jette dans le grand Haff de Stettin et se termine dans la mer par trois embouchures, formant entre les îles de Wolin et d'Usedom, et entre elles et le continent, les détroits de Swine, Dievenow et Peene. — La majeure partie des côtes est basse et ensablée par des dunes qui changent sans cesse, et qu'en certains endroits on a pu consolider par des plantations de broussailles. En quelques points isolés, il y a des falaises à pic et élevées ; le point dominant de tout le littoral est l'île fertile de Rügen, dont les côtes septentrionales sont formées de murailles de craie.

Outre l'Oder, la Baltique reçoit encore, sur la longue côte de Poméranie, un grand nombre de cours d'eau côtiers, qui forment de nombreux lacs à l'intérieur des terres ; les plus considérables de ces cours d'eau, la plupart navigables, sont la Rewnitz, qui sert de limite occidentale à la province, la Peene, la Uker, la Persante, la Wipper et la Stolpe.

Les centres importants du littoral poméranien sont : Stralsund, sur le détroit de Strelasund, large d'une demi-lieue, qui la sépare de l'île de Rügen. La ville est entourée d'eau et seulement rattachée à la terre ferme par des ponts ; ses fortifications, détruites par les Français en 1811 et 1812, ont été rétablies depuis ; avec les ouvrages de l'île de Danholm, le passage du Strelasund est complétement fermé. Un chemin de fer réunit Stralsund à Stettin et à Berlin, traversant Griefswald et Anklam, la première près de l'embouchure de la Ryk, avec une académie d'agriculture ; la seconde sur la Peene, avec un port ; un embranchement relié à cette ligne le port de Wolgast, autrefois place forte, à l'embouchure de la Peene.

Stettin, capitale de la province, sur la rive gauche de l'Oder et près de son embouchure, place forte avec un dépôt d'artillerie ; ville de commerce importante ; le faubourg de Lastadie, situé sur une île du fleuve, est relié par deux ponts à la rive gauche. A l'embouchure centrale de l'Oder, sur le détroit de Swine et l'île de Wolin, est placée la forteresse de Swinemünde ; le port pour les bâtiments de guerre se trouve en face, à l'île d'Usedom, abrité par une jetée artificielle. A l'embouchure occidentale, sur le détroit de Dievenow, se trouve le port de Wolin, sur l'île de même nom, avec chantiers de construction de navires.

Kolberg, place forte, près de l'embouchure de la Persante ; la ville est bâtie sur une colline entourée de marais ; elle a un port, la Münde, et un dépôt d'artillerie. A l'est de Kolberg et à quelques lieues du rivage, on rencontre Koslin, autrefois place forte, sur le chemin de fer du littoral qui met en communication directe Dantzig et Stettin, envoie un embranchement sur Kolberg et traverse la contrée riche en céréales de Pyritz, près Stargard, sur l'Inna, à l'est de Stettin. Sur cette ligne du littoral, on rencontre encore, dans la Poméranie orientale, le port marchand de Stolpe, près de l'embouchure de la rivière du même nom. La plaine de Poméranie est couverte par des étendues considérables de terrains fertiles, bien cultivés et bien arrosés, qui alternent avec des steppes nus et sablonneux au milieu desquels s'élèvent quelques collines de peu de hauteur. Indépendamment des lignes de chemins de fer décrites précédemment, de bonnes routes relient toutes les villes commerçantes et les places fortes avec Stettin et Berlin.

PROVINCE DE PRUSSE

Le littoral de la province de Prusse, ou Prusse orientale, est compris entre la Poméranie et la frontière russe. Il présente le même caractère que celui de Poméranie ; en quelques endroits la côte est escarpée, mais le plus souvent elle est basse et n'offre qu'une faible protection contre les débordements qui menacent constamment les villages et les cultures du bord de la mer, et que de nombreuses digues sont impuissantes à arrêter. La Baltique y creuse trois baies considérables : le Putziger-Wick, le Frishe-Haff et le Curishe-Haff.

Le pays est encore plus plat que celui de Poméranie ; dans les parties ouest et nord, il est à peine plus élevé que la mer ; aussi on y rencontre un nombre considérable de lacs ; dans les parties est et sud, c'est-à-dire sur les frontières de la Russie et de la Pologne, il est couvert de collines boisées.

Il est traversé par une foule de cours d'eau, dont les plus importants sont : la Vistule, qui se partage, avant son embouchure, en plusieurs bras parmi lesquels le Nogat et la Vieille-Vistule se rendent dans le Frishe-Haff, la Nouvelle-Vistule dans la baie de Dantzig; la Prégel et la Passargue, qui déversent leurs eaux dans le Frishe-Haff, et le Niemen ou Mémel, qui, en aval de Tilsit, se partage en deux bras principaux, celui du nord, appelé Russ, le plus considérable, qui forme plusieurs îles et s'écoule dans le Curishe-Haff par trois bouches; celui du sud, qui prend le nom de Gilge et se déverse dans le même Curishe-Haff par quatre bouches.

Comme la Poméranie, la Prusse orientale est riche en productions agricoles, surtout en céréales et en lin; les deltas de ses fleuves possèdent de riches prairies où l'on élève un grand nombre de chevaux.

Les villes principales du littoral sont : Dantzig, au confluent de la Mohlau dans la Vistule, place forte et ville de commerce considérable; le fort de Weichselmünde et les ouvrages de Neufahrwasser défendent le port et la rade à l'embouchure de la Vistule. Dantzig a un atelier central d'artillérie et une manufacture d'armes à feu. Son port a été pendant longtemps le seul port de guerre de la flotte prussienne et a beaucoup contribué à son développement; aujourd'hui son importance a considérablement diminué à cause des établissements de Wilhemshafen et de Kiel; d'ailleurs son étendue est assez limitée, et son peu de profondeur n'en permet l'entrée qu'aux petits vaisseaux de guerre; néanmoins ce sera toujours une station importante des côtes de la Baltique, où les navires de moyenne grandeur pourront s'abriter et trouver les chantiers nécessaires aux réparations.

Le golfe de Dantzig est fermé à l'ouest par la longue et sablonneuse presqu'île de Héla, dont la pointe est surmontée par un phare.

Königsberg, capitale de la province, place forte sur la Prégel ; les deux quartiers les plus considérables, la vieille ville et la Löbenicht, sont situés sur les hauteurs de la rive gauche et communiquent par des ponts avec la rive droite ; un autre quartier, le Kneiphof, est construit sur une île du fleuve ; au centre de la ville se trouve le château, et au nord, en dehors, le grand étang du château. Königsberg est le siége du commandement du premier corps d'armée et possède un dépôt d'artillerie ; elle est protégée du côté de la mer par la forteresse de Pillau, construite sur la langue de terre qui sépare le Frishe-Haff de la pleine mer.

Mémel, près de la frontière russe, à l'entrée du Curishe-Haff et sur la rivière navigable de la Dange, a un port de commerce très-fréquenté, dont l'approche est défendue par un fort entrepris depuis quelques années.

Tous les centres importants de la province de Prusse sont reliés entre eux par des chaussées ou de bonnes routes ; sur les chemins secondaires, la circulation est pénible à cause de la nature sablonneuse du terrain ; en revanche, le mauvais temps n'augmente pas les difficultés.

Dantzig et Königsberg sont reliés par une voie ferrée qui suit le littoral, traversant Elbing et l'entrée du delta de la Vistule ; cette voie ferrée remonte le cours de la Vistule, passant à proximité de Grandentz, forteresse importante qui commande les deux rives du fleuve, et va se réunir à la grande ligne Berlin-Varsovie ; elle se prolonge au delà de Königsberg, en Russie, envoyant un embranchement au nord, vers Tilsit, sur le Niemen, et un autre au sud, à travers le pays, couvert de forêts et de lacs, au milieu duquel se trouve la forteresse de Lœtzen (fort Boyen).

En résumé, la côte allemande de la mer du Nord est partout peu favorable au débarquement rapide de grandes masses de troupes. Seulement, à l'embouchure des principaux fleuves,

2

les grands transports peuvent s'approcher assez près du continent pour permettre de débarquer rapidement et sous la
protection des canons des vaisseaux de guerre ; et encore, en
ces points, la présence de bancs de sable, la profondeur toujours variable de la mer, rendent la navigation fort difficile
pour tout pilote ne connaissant pas exactement les passes
praticables et surtout n'ayant plus pour le guider les tonneaux, balises ou autres repères employés à l'entrée des
ports.

Le littoral de la mer Baltique n'est pas beaucoup plus favorable à un débarquement que celui de la mer du Nord. On a
construit, pour défendre l'accès des points importants, de
nombreuses places fortes : Sonderburg et Kiel, Stralsund et
Swinemünde, Stettin et Kolberg, Dantzig et Königsberg. En
outre, la longue côte de Poméranie est protégée sur une
grande étendue par une triple rangée de bas-fonds, et celle
de la Prusse orientale l'est par la conformation naturelle du
rivage.

La côte du Schleswig, avec ses baies nombreuses et profondes, et celle du Mecklenbourg, vers Wismar et Rustock,
d'où l'on menace le plus directement Berlin, présentent seules
des points de débarquement relativement favorables.

Quant à l'intérieur des provinces maritimes de la Confédération, la courte description qui en a été faite précédemment a montré que la présence de nombreux cours d'eau, de
canaux, d'étangs, de terrains marécageux, le plus souvent
impraticables même aux piétons, permettrait une défense
facile et pied à pied, et rendrait fort difficile et très-lente la
marche en avant d'un corps de débarquement.

Enfin on a pu remarquer qu'en tous les points importants
du littoral de la mer du Nord aboutissent des chemins de fer
à double voie, et que le long de la Baltique, depuis Flensburg

jusqu'à Königsberg, court une voie ferrée ne s'éloignant jamais de la mer à plus de 1 à 2 milles et envoyant des embranchements sur les centres importants de l'intérieur du pays. De telle sorte qu'en admettant qu'un débarquement ait pu être opéré en un point quelconque du littoral, par surprise, dans les circonstances les plus favorables, la Prusse pourra, pendant les quelques jours que durera au moins ce débarquement, rassembler vers le point menacé ses réserves, dispersées à l'intérieur, les opposer à l'assaillant avant qu'il ait pu gagner beaucoup de terrain, et peut-être lui infliger un échec qui aboutira certainement à un désastre.

De plus, la défense des côtes est encore facilitée par la présence d'un réseau télégraphique très-complet.

La carte des communications télégraphiques, ainsi que des chemins de fer de l'Europe, qui se trouve à la bibliothèque de la Réunion, indique le circuit de toutes les lignes télégraphiques, ainsi que le tracé des voies ferrées existantes ou projetées sur le littoral allemand, et dont le faisceau stratégique devra être achevé en 1874.

II

MESURES DE DÉFENSE PRISES PAR LES ALLEMANDS CONTRE UN DÉBARQUEMENT DES TROUPES FRANÇAISES

La direction générale de la défense fut confiée au général Vogel von Falkenstein. Il eut d'abord sous son commandement la 17e division d'infanterie et quatre divisions de landwehr; de plus, les corps d'armée mobilisés étaient placés à sa disposition jusqu'au moment où un ordre supérieur les appelait vers le sud. Il installa son quartier général à Hanovre, siége du commandement du 10e corps d'armée, pendant que, de son côté, le grand-duc de Mecklenbourg-Schwerin activait les travaux de défense de Cuxhafen, Alsen, Kiel, etc.

Les mesures de sûreté prises tant par le gouvernement allemand que par le général von Falkenstein peuvent se résumer ainsi :

1º *Augmentation des difficultés d'approche :* en éteignant les feux, en enlevant les bouées, tonneaux, balises, en détruisant, en un mot, tous les signaux de mer; en retenant tous les marins pouvant servir de pilotes; enfin, en fermant les entrées les plus accessibles et les embouchures des fleuves, au moyen de bateaux, câbles, radeaux, torpedos (embouchures de la Jadhe, du Weser, de l'Elbe, à Kiel, etc.)

2º *Défense, par des batteries armées de gros calibres, des points de la côte les plus propres à un débarquement et des passes les plus faciles à forcer par la flotte ennemie.*

Le ministre de la guerre avait, dès le début de la guerre, prescrit l'établissement de semblables batteries à l'embouchure du Weser, à celle de l'Elbe, à l'entrée de la baie de Kiel, dans la baie de Jahde, où la flotte cuirassée allemande, sous les ordres de l'amiral Jackman, devait concourir à la défense de Wilhemshafen. Plus tard, le général von Falkenstein fit construire de nouvelles batteries et des retranchements au point important de Wismar, d'où un corps de débarquement arriverait le plus rapidement à Berlin.

Lorsque la flotte française apparut, vers la fin de juillet, la plupart des batteries étaient déjà en état de tirer; mais leur complet armement en pièces de gros calibre ne fut achevé que dans le courant de septembre.

3° *Installation de postes d'observation et disposition des troupes de défense.*

Aux points de la côte permettant de découvrir le plus loin (on en choisit vingt-neuf, tant sur la mer du Nord que sur la mer Baltique) furent installés des postes d'observation et des stations télégraphiques, communiquant avec les points centraux de Brême, Hambourg, Stettin, Dantzig, et de là avec les différents chefs-lieux de commandement. Pour remplir les vides existant entre ces différentes stations, le général von Falkenstein adressa, le 23 juillet 1870, un appel aux habitants des côtes, les invitant, dans leur propre intérêt et dans celui de la patrie tout entière, à organiser des compagnies de gardes-côtes. Ces compagnies, se mouvant d'un point à un autre entre les stations télégraphiques, furent placées sous la direction de commissaires des côtes, choisis parmi les officiers disponibles connaissant bien le littoral.

Le général von Falkenstein plaça la 17e division d'infanterie à Hambourg, avec détachements d'observation à Neumünster et Lubeck. La division de landwehr de la garde fut échelonnée le long du chemin de fer : Hanovre, Celle, Uelzen. La 2e division de landwehr fut répartie entre Brême et Nienburg. A Lubeck et Wismar fut placée, vers le 10 août, la 1re division de landwehr. En outre, les quatre grands commandements du littoral reçurent l'ordre de laisser à la disposition du gouverneur général, chargé de la défense des côtes, toutes leurs troupes de réserve et leurs garnisons.

Enfin, pour activer le plus possible le transport des troupes en cas d'un débarquement, on tint prêts de nombreux trains de chemins de fer, et l'on jeta un pont sur les bras de l'Elbe pour relier Hambourg et Harbourg.

Avec toutes ces précautions, on devait sinon empêcher un débarquement, tout au moins prévenir le corps débarqué avant qu'il ait accentué sa marche en avant, et probablement le rejeter à la mer.

Comme on le sait, aucun débarquement n'eut lieu, la flotte ne fit aucune attaque, aucune tentative de bombardement; on se contenta d'explorer quelques baies, entre autres celle de Neustadt, et il n'y eut que des engagements insignifiants, le 17 août, près de Rügen, entre la *Grille* et quelques chaloupes canonnières, et dans la nuit du 21 au 22 août, près d'Hels, entre la *Nymphe* et plusieurs vaisseaux français.

Lorsque les succès obtenus sur le Rhin eurent chassé toute crainte de débarquement, la 17e division d'infanterie et les troupes de landwehr furent dirigées vers la France, et la défense des côtes fut confiée uniquement aux troupes de remplacement et de garnison qui se trouvaient dans les commandements du littoral.

Tel est le résumé des mesures de défense prises par les Allemands sur le littoral des mers du Nord et Baltique; c'est aux marins qu'il appartient de juger si la flotte cuirassée française a fait tout ce qu'elle pouvait faire pendant la campagne de 1870; à eux d'apprécier si sa conduite n'a pas été trop prudente, trop timorée, et si les obstacles qui lui étaient opposés étaient bien réellement insurmontables.

TABLE

Paris, imp. H. Carion, 64, rue Bonaparte.